RÉFLEXIONS

SUR

LES LEÇONS

DE MUSIQUE,

PAR M. BEMETZRIEDER.

À AMSTERDAM,

Et se trouve à PARIS,

Chez l'Auteur, *ci-devant rue des SS. Peres*, & à présent, rue Neuve Saint-Roch, la porte cochere à côté de la rue des Moineaux, maison du Marchand de Dentelles.

1778.

AVERTISSEMENT.

Dans mon Traité (p. 259), *j'adresse des vœux à l'Académie de Musique ; on m'a critiqué là-dessus, en me disant que je prenois les mots pour les choses ; que c'est parler aux murs en s'adressant, à Paris, à l'Académie de Musique ; qu'on imprime & qu'on affiche, à la vérité, le nom quatre fois par semaine ; mais qu'il n'y avoit point d'Académie, où il n'y a point d'Académiciens.*

Je me suis informé ; on m'a assuré que la critique étoit fondée : j'ai cru que le meilleur moyen de réparer ma méprise, étoit celui de former une Académie ; j'en ai conçu le projet.

L'Artiste me paroît assez applaudi, comme Virtuose & comme Compositeur ; mais rien ne l'encourage comme Maître : c'est cette troisieme qualité que je couronne ; je décerne les honneurs académiques au Professeur.

Pour essayer mes idées, j'ai communiqué mon plan; j'en ai parlé à quelques-uns de mes Disciples, à mes Connoissances & à quelques Confreres: j'ai trouvé applaudissement & approbation... Mes idées académiques se sont affermies, mais elles ne sont pas encore perfectionnées: tout informes qu'elles sont, elles ont occasionné la Lettre, la Réponse & les Réflexions qui composent la présente brochure.

LETTRE
DE M. P***.
A M. BEMETZRIEDER.

J'APPLAUDIS, Monsieur, bien sincérement à votre projet d'Académie musicale, & je souhaite de le voir promptement réalisé. Cette maniere de réunir des Maîtres pour perfectionner la méthode des leçons de Musique & pour fixer le bon goût, me paroît très-nécessaire. Les progrès des Arts, chez une Nation, dépendent beaucoup de l'enseignement : c'est par l'établissement de ses Conservatoires que l'Ecole de Naples est devenue la premiere de l'Italie. Le goût de la Musique s'étend chaque jour sensiblement parmi nous. Tout le monde veut apprendre, ou faire apprendre à ses enfans les élémens de cet Art enchanteur ; c'est aujourd'hui une partie essentielle de l'éducation ; le choix du Maître de Musique n'est plus indifférent. Si jamais vous parvenez à tenir vos assemblées, je crois, Monsieur, que vous feriez bien de commencer par mettre devant les yeux de vos Confreres le tableau de cette Jeunesse intéressante, à qui on fait un travail rebutant & pénible de leçons qui ne devroient être qu'un amusement & un plaisir.

La Musique est destinée à soulager, adoucir & élever l'ame; malheureusement elle ne fait plus guere ni l'un ni l'autre. Sans parler à l'entendement, on exerce un enfant pendant plusieurs années à exécuter machinalement beaucoup de notes en peu de temps : si on apperçoit des dispositions, on en abuse pour faire d'habiles machines à soixante-quatre notes par seconde. Les leçons d'accompagnement & de composition ne sont pas plus lumineuses; tout, en musique, semble aller par ressort; on accompagne d'oreille, & on écrit de pratique; on enseigne de même. Dans les leçons particulieres, ainsi que dans les Ecoles publiques, on débute par les accords de la régle de l'octave; l'Eleve les écrit en partition; on les lui fait retourner en tout ſens : ſous un chant, on lui fait poſer la baſſe ; au-deſſus d'une baſſe, on lui fait écrire un chant. Dans une partition on lui fait remplir, tantôt un violon, tantôt la quinte, tantôt les cors, tantôt une voix, & tantôt une flûte; enfin on donne une phraſe de chant, qu'on nomme *motif* ; l'Apprenti Compoſiteur, ſans deſſein & ſans intention, l'étend, la varie à l'infini ; arrange les notes à deux, à trois, à quatre & à cinq parties ; il fait plus, il en fait une fugue à autant de parties que l'on veut. Sa mémoire lui fournit auſſi des idées ; il en fait une ariette, un motet, un duo, un chœur, une ouverture, &c. & le voilà paſſé Maître Compoſiteur.

Tous les Livres élémentaires de Muſique ſont calqués d'après ces leçons : codes, ſyſtêmes, traités, élémens, principes, méthodes, tout concourt à former des Ecrivains qui ſachent mettre des notes & des accords les uns ſur les autres ; il y en a aujourd'hui trop de ces Ecrivains, pour notre malheur ; nous ſommes inondés de Muſique, & nous aimons la variété ; nous voulons lire & entendre tout ce qui eſt écrit ; notre oreille ennuyée apperçoit à peine les étincelles que jette par-ci par-là le génie noyé dans un déluge de notes.

Il ne faudroit pas moins qu'une aſſociation de Maîtres, pour apprécier & diſcréditer les Ecrivains ſans talent ; elle pourroit arrêter ces torrens d'airs, de ſonates & de concerto. Le Diſciple né avec quelques diſpoſitions, veut devenir Auteur auſſitôt qu'il a brillé dans un Concert ; il fouille dans ſa mémoire, forme des paſſages, les coud enſemble, & fait graver. Une Académie oſeroit lui dire que le génie créateur n'inſpire pas l'Ecolier environné de ſonates ; qu'il ne ſuffit pas, pour compoſer, d'être habile & de ſavoir arranger les croches avec les noires & les blanches ; qu'on n'admire pas des notes priſes au hazard, pour completter & pour varier les meſures ; que chaque morceau de Musique doit être un tableau qui peigne à l'oreille des dialogues intentionnés, des accens de l'ame, des gestes expressifs, ou qui représente quelques phénomenes de la nature, comme le *sifflement du vent*, *le bruit de l'orage*, *le fracas du tonnerre*, &c.

Des Maîtres assemblés peuvent élever la voix, & dire au petit Virtuose présomptueux, qu'il faut encore bien d'autres connoissances pour dessiner & pour colorier un tableau en Musique; qu'il faut avoir approfondi l'art & le cœur humain, pour savoir tracer avec les notes, un discours qui puisse exciter ou calmer les passions ; qu'il pourra mériter le nom d'Auteur : mais qu'il sache auparavant analyser & admirer les chef-d'œuvres du génie ; qu'il apprenne à distinguer le bon du mauvais ; qu'il épure son goût par la comparaison & par la réflexion.

Le Maître Académicien pourroit s'écarter de la route ordinaire, & oser corriger les leçons de Musique : une Académie pourroit éclairer le Public sur le choix de la

Musique; elle pourroit indiquer l'Artiste en état de diriger & de faciliter l'étude. On sait aujourd'hui que le plus habile n'est pas toujours le meilleur Professeur : on peut bien composer & mal enseigner la composition; on pourroit même posséder tous les talens, & parler sur l'Art, comme un livre, sans savoir instruire. Les progrès d'un Eleve ne prouvent pas non plus beaucoup en faveur du Maître : dans les beaux Arts, les dispositions naturelles & le travail font cent fois plus que tous les documens. Que le Maître, dans ses leçons, brouille & intervertisse tous les principes, l'Eleve brillera dans l'exécution, si la nature lui a donné l'aptitude & la facilité; il vaincra tout, si elle lui a donné le génie : mais les enfans du génie sont rares, & le nombre des Amateurs est considérable. Accélérez donc, Monsieur, l'exécution de votre projet d'Académie; je vous en presse au nom de la Jeunesse & de tous les Amateurs.

J'ai l'honneur d'être, *&c.*

P. * * *.

RÉPONSE

DE M. BEMETZRIEDER,

A LA LETTRE DE M. P***.

MONSIEUR, mon Académie eſt encore très-idéale, la premiere ſéance n'eſt pas prochaine : les Maîtres ſont aujourd'hui de triples perſonnages ; chacun eſt Compoſiteur, Virtuoſe & Profeſſeur. Le Compoſiteur & le Virtuoſe ſont les Dieux par excellence, par-tout on les admire, on les careſſe, on les fête, on les couronne : ſi on veut les récompenſer en argent, on les prie de vouloir bien accepter un ſouvenir, une boëte remplie d'or, garnie en diamants, & ſouvent ſurmontée d'une effigie. Le Profeſſeur court péniblement & honteuſement le cachet qu'on lui paie ſouvent à la porte par les mains d'un Laquais. Jamais l'Artiſte ne pourra oublier ſes premiers attributs, pour s'occuper ſérieuſement du troiſieme.

Mes idées ſont un peu extraordinaires,

folles peut-être; la trifte profeffion d'enfeigner eft pour moi pleine de charmes; nulle autre ne me paroît auffi noble ; elle eft fublime. Je me dis fouvent... pour enfeigner, il faut toujours raifonner, toujours démontrer, & la vérité eft toujours difficile à trouver, plus difficile encore à préfenter méthodiquement ; il faut favoir doublement, pour foi & pour les autres : & puis le petit nombre d'Amateurs qui veulent s'inftruire, ne fe contentent pas de peu de chofe: pour les éclairer, il faut une lumiere brillante & pure ; on les échauffe plus aifément ; tout feu fait effet... Examinez ma folie, & dites-moi après où je pourrois trouver des imitateurs.

Je prévois votre filence : je vais répondre à votre Lettre, comme fi j'étois affis au milieu des Confreres.

Votre tableau, Monfieur, eft un peu exagéré : fi on rencontre des Muficiens qui apprennent l'art du Maître aux dépens des Enfans, on trouve auffi, fans nous compter, des Artiftes qui ont réfléchi fur la Muſique, & qui ſont excellens Maîtres, mais il eſt difficile de vous les indiquer ; les yeux & l'oreille diſent bien ſi le Muſicien eſt *Lecteur*, *Virtuoſe* ou *Compoſiteur* : le *Virtuoſe* ſe fait entendre, & il eſt reconnu ; les œuvres parlent pour le *Compoſiteur* ; le *Lecteur* débite les notes à vue ; mais nul ſigne extérieur n'indique le *Maître* : c'eſt un être purement moral, qui réfléchit, qui raiſonne, qui médite ſon talent, qui penſe plus à ſes Eleves qu'à lui-même, qui va, qui vient ſans bruit, ſans éclat, & qui vend ſon ſavoir en détail. Comment peindre ce perſonnage ? Vous-mêmes, Meſſieurs, qui nous conſultez, vous aimez à vous tromper ſur ſon choix ; il eſt ſi flatteur de ſe dire Diſciple de l'Artiſte applaudi & admiré : on prend de ſes leçons ſans examen. Vous ne prodiguez pas l'encens aux talens & au mérite ; mais s'il vous échappe un *bravo* qui ſoit entendu, vous vous enthouſiaſmez, & l'enthouſiaſme ſe communique ; en moins d'une heure l'Artiſte eſt univerſel, il ſait tout ; vous le créez Maître des Maîtres : de l'homme vous faites un Dieu ; vous l'implorez, vous le conſultez, vous le priez de vouloir bien vous inſtruire : s'il daigne condeſcendre à vos vœux, il eſt maître de vous, de vos amis, & de vos voiſins.

D'un extrême, vous allez à l'autre ; l'Artiſte eſt tout aujourd'hui, & demain rien : la haute opinion qu'inſpire l'enthouſiaſme, ne ſe ſoutient pas ; la tête refroidie, on voit autrement : le ſavoir ſe retrécit, le Maître diſparoît, le Compoſiteur s'éclipſe ; on voit à peine le Virtuoſe, & s'il n'y avoit ni concert, ni ſoupé, l'Idole reſteroit ſans autel.

Il n'eſt pas plus facile, Meſſieurs, de vous éclairer ſur le choix de la Muſique : les hommes ne ſont pas faits tous de la même maniere ; une étincelle fait courir les uns ; il faut un torrent de feu & de flamme pour émouvoir les autres. Ceux-ci, aux ſimples ſons du chalumeau, imitent tous les mouvemens des graces ; les coups de tonnerre suffisent à peine pour remuer ceux-là. Les ames sensibles & tendres ne se plaisent qu'avec une mélodie simple & touchante : les ames fortes & élevées veulent entendre le langage des passions. Le génie, en chantant, anime tous les sentimens des uns : il faut qu'il secoue, qu'il frappe, pour éveiller les autres.

Ce considéré, nous avons unanimement conclu qu'on ne pouvoit pas fixer le goût en Musique ; que nul morceau ne devoit avoir une approbation universelle ; que la pluralité des genres & la diversité des manieres étoient nécessaires, vu la très-grande variété dans l'organisation ; que la bonne Musique de chaque Amateur sera toujours celle qui est proportionnée à la flexibilité de son oreille & à la sensibilité de son ame.

Nous avons résolu de ne pas désapprouver le goût de l'Amateur ; le Maître doit étendre le plaisir de son Disciple, & non pas le borner ; en conséquence, nous mettrons tous nos soins à perfectionner les leçons de Musique ; & pour augmenter la jouissance de nos Disciples, nous leur ferons voir, à travers les notes, le fond, la construction musicale, la charpente, la chaîne des consonnances & des dissonnances ; nous les habituerons à concevoir cette chaîne harmonique, abstraction faite des croches, de la mesure & du mouvement ; nous leur ferons remarquer que cette chaîne harmonique est toujours construite dans la Musique de génie, suivant les regles de la rhétorique & de la poésie : bientôt nos Disciples regarderont la Musique comme un langage du sentiment, ou comme une peinture du mouvement & des phénomenes. Ils concluront que le Compositeur doit imiter le Poëte & l'Orateur, ou le Peintre ; qu'il doit, comme eux, consulter le cœur humain & la nature ; ils jouiront doublement : la Musique, qui a un si grand empire sur les sens, leur fera aussi un plaisir intellectuel ; ils sauront analyser le chant ; ils

ils y diſtingueront les phraſes & toutes les parties du diſcours ; ils connoîtront la différence des genres & tous les moyens du génie muſical : l'oreille ne ſera plus leur unique guide ; ils ſauront apprécier les notes ; ils pourront les ſoumettre à l'examen, & voir ſi le Compoſiteur a puiſé dans le ſentiment, ou s'il a ſeulement travaillé pour plaire à l'oreille.

Vous penſez bien, Meſſieurs, que nous ſerons plus utiles au Public par nos inſtructions, que ſi nous allions protéger certains Ecrivains par nos déciſions.

Je termine ici la ſéance idéale de mon Académie ; ſi elle eſt un jour réelle, vous ſerez peut-être plus content de la réponſe : en attendant, Monſieur, n'écoutez pas la Muſique qui vous déplaît ; changez le Maître s'il ne parle pas à l'entendement ; & ſi l'intérêt de la Jeuneſſe ſeul vous a dicté votre tableau, dites aux peres & meres de famille, de ne plus ſe laiſſer éblouir par le brillant, de ne pas ſe rapporter à la renommée, de ne pas écouter la recommandation, mais d'affifter eux-mêmes aux leçons; ils verront bien vîte fi le Maître fçait parler à l'entendement: qu'ils faffent raifonner l'Artifte fur le talent; s'il poffede l'art du Maître, l'ordre & la clarté régneront dans fon difcours; ils feront amplement indemnifés de leurs foins: la Mufique intéreffe autant l'efprit qu'elle plaît à l'oreille.

Ces précautions ne feront pas toujours néceffaires: fi les Muficiens s'en apperçoivent, qu'on borne l'approbation; que l'habileté & les œuvres n'attirent que des applaudiffemens & de l'admiration; les Artiftes, qui favent profeffer, iront audevant de tous les defirs; ils feront connoître leur raifonnement & leur méthode par des livres ou par les papiers publics; l'émulation s'établira parmi les Maîtres, & bientôt on lira d'excellens précis, avec leurs noms & leurs adreffes; alors l'aimable Jeuneffe ne fera plus expofée à être la victime de l'habile ignorance.

J'ai l'honneur d'être, *&c.*

RÉFLEXIONS SUR LES LEÇONS DE MUSIQUE.

JE vais donner l'exemple aux Artiſtes qui veulent profeſſer. Je deſire d'être imité : ſi on me ſurpaſſe, on m'inſtruit, & je ſuis indemniſé.

Par mes ouvrages, on peut me juger comme Auteur ; mais il y a loin des livres aux leçons. Ecrivant ſur la partie ſcientifique des arts, il faut partir d'un principe & aller rapidement de conſéquences en conſéquences : enſeignant, il faut ſe répéter à chaque leçon ; la méthode ne peut pas être ſtable ; l'intelligence des Eleves, leur habileté, leur âge, leur goût, & leur diſpoſition du moment la modifient ſans ceſſe.

J'ai étudié toutes les parties de la Musique, j'en ai professé la plupart; je crois qu'on pourroit perfectionner les leçons dans tous les dégrés de l'éducation musicale : publiant là-dessus mes observations, je cherche à me faire connoître comme Maître, & à être utile aux jeunes Artistes qui veulent enseigner leurs talens (1).

---

(1) Si j'avois trouvé un pareil secours, il y a sept ans, j'aurois épargné bien des peines & beaucoup de tems à mes Disciples; & le talent harmonique, qui fut depuis ma principale partie, seroit plus recherché des Amateurs; mais si on veut comparer mon Traité avec les livres *François*, *Allemands*, *Italiens*, *Latins* & *Grecs*, qui l'ont précédé sur la Musique, on verra que j'ai défriché un terrein inculte & négligé.

LECTURE MUSICALE.

JE crois qu'il importe de donner les premieres leçons de lecture muficale devant un clavecin, ou du moins devant un clavier, qui renferme l'étendue naturelle de toutes les voix ; cet inftrument doit toujours être accordé fur le *la* de l'Opéra.

Il faut d'abord familiarifer l'Eleve avec l'ordre naturel des notes....

ut re mi fa fol la fi ut,
c d e f g a b c.

Cela n'eft pas long, en lui faifant les queftions fuivantes...... Quelle eft la note qui précede le *fa*? Quelle note fuit le *fol*? Quelle note précede l'*ut*? Quelle eft la troifieme note, en commençant par *fol*? Quelle eft la cinquieme, en commençant par *la*? Quelle eft la quatrieme, en commençant par *fi*? &c.

Enfuite, pour lui faire connoître les touches du clavier, il faut lui faire remarquer qu'il y a des touches plus longues les unes que les autres ; que les longues font d'ébene ou noires ; que les courtes ſont d'ivoire ou blanches ; que les blanches ſont ſéparées par une noire ou par deux noires, que la large ſéparation coupe la ſuite des touches blanches, & la diviſe, allant de gauche à droite, en trois blanches, deux blanches, trois blanches, deux blanches, &c.

Après quoi on lui dira que la touche noire qui eſt entre les deux blanches, s'appelle *ré* ; que celle qui eſt à gauche des trois blanches s'appelle *fa* ; & que celle qui eſt à droite des trois blanches, s'appelle *ſi*.

Ces trois touches connues & diſtinguées promptement ſur toute l'étendue du clavier, on lui dira que la ſuite des touches noires, en allant de gauche à droite, eſt la même que celle des notes *ut*, *ré*, *mi*, *fa*, &c.

Pour lui enſeigner le nom des touches blanches, il faut dire que chaque touche blanche a deux noms qu'elle emprunte des touches noires qui l'environnent ; que la touche blanche, *par exemple*, qui eſt entre le *fa* & le *ſol*, s'appelle *fa dieſe*, ſi elle figure pour le *fa*, & *ſol bémol*, ſi elle eſt priſe pour le *ſol*.

C'eſt ici qu'il faut faire remarquer à l'Eleve que les touches du clavecin rendent des ſons plus aigus ou plus hauts à meſure que l'on avance vers la droite, & qu'elles rendent des ſons plus graves ou plus bas, à meſure que l'on avance vers la gauche : il faut ajouter & dire, que la diſtance d'un ſon à l'autre, s'appelle en Muſique intervalle que l'oreille ſeule peut apprécier; qu'on appelle octave, l'intervalle qui eſt d'un *ut* à l'*ut* ſuivant, d'un *ré* au *ré* ſuivant, &c ; que l'octave ſur le clavier renferme treize touches, & par conſéquent treize ſons; que la note qui exprime le premier ſon de l'octave, ſe nomme note *tonique ;* qu'on nomme *octave*, la note qui exprime le dernier ou treizieme ſon de l'octave; que les treize ſons de l'octave ſont ſéparés par douze eſpaces, qu'on appelle les douze demi-tons de l'octave; qu'il y a par conséquent un demi-ton de *fa* à *fa dièse*, de *sol* à *sol bemol*, de *mi* à *fa*, de *si* à *ut*, & d'une touche quelconque à sa touche la plus voisine, tant à droite qu'à gauche.

Pour enseigner les notes écrites, il faut montrer à l'Eleve du papier réglé, & lui dire que les cinq lignes horizontales de la portée se comptent de bas en haut, pour marquer les sons du grave à l'aigu; qu'on lit la Musique de gauche à droite comme le discours; qu'il y a trois clefs différentes, qui sont des signes dont on met un au commencement de la portée, pour déterminer le nom de chaque ligne; que les trois clefs de la Musique sont la clef d'*ut*, la clef de *sol*, & la clef de *fa*; que la clef d'*ut* peut nommer les quatre premieres lignes; que la clef de *sol* nomme seulement la seconde ligne; & que la clef de *fa* nomme la troisieme & la quatrieme lignes; que l'*ut* de la clef est, sur le clavecin, l'*ut* qui est au milieu du clavier; que le *sol* de la clef est le premier *sol* qu'on trouve à droite de l'*ut* de la clef; que le *fa* de la clef eſt le premier *fa* qu'on trouve à gauche de l'*ut* de la clef.

Il faut continuer & lui apprendre que la portée eſt deſtinée à repréſenter onze notes, en les comptant ſuivant l'ordre naturel, *ut*, *ré*, *mi*, *fa*, &c.; que chacune des cinq lignes horizontales figure pour une note; que les quatre eſpaces renfermés entre les cinq lignes, ſont les places de quatre nouvelles notes; qu'il y a place pour une note au-deſſous de la premiere ligne, & pour une autre note au-deſſus de la cinquieme ligne.

L'Eleve voyant que toutes les places ſont occupées par les notes *ut*, *ré*, *mi*, *fa*, *ſol*, *&c.* ſera peut-être inquiet ſur le ſort des notes *dièſes* & des notes *bémoles* du clavecin. Pour le tirer d'embarras, on lui dira qu'elles tiennent ſur le papier la même place que les notes naturelles, & que pour noter le *fa dièſe*, *par exemple*, on met ſimplement un *dièſe* devant le *fa*, de même que pour noter le *ré bémol*, on met un *bémol* devant le *ré*, *&c.*

Pour familiariser l'Eleve avec les notes écrites, faites-le nommer souvent les cinq lignes de chaque clef; n'oubliez pas de les lui faire jouer chaque fois sur le clavecin; insistez spécialement sur la clef d'*ut* de la premiere ligne, sur la clef de *sol* & sur la clef de la basse : ne vous mettez pas en peine pour les notes qui peuvent se trouver au-dessus & au-dessous des cinq lignes, ni pour celles qui sont entre les lignes; mais recommandez à votre Eleve de penser quelquefois aux cinq lignes, sans voir de papier réglé, ni de clavecins : aidez sa mémoire avec un signe visible; dites-lui de regarder l'intérieur de sa main droite, pour voir, dans les cinq doigts, les cinq lignes de la portée. — Demandez comment il faudroit nommer le pouce, si le petit doigt étoit porteur de la clef d'*ut*: — faites par vos questions, qu'il dise de lui-même, que le doigt annulaire porte la clef de *sol*; — concluez & dites donc le petit doigt, pour la premiere ligne, se nommera *mi*, & le pouce, *fa*, figurera pour la cinquieme ligne.

L'Eleve, à coup sûr, voudra reprendre & vous parler de la clef de *fa*; interrompez-le, & dites-lui de regarder, pour cette clef, l'intérieur de la main gauche; ajoutez que l'index porte la clef de *fa*. — L'Eleve ne vous laissera pas achever: il dira donc le pouce, pour la cinquieme ligne, se nomme *la*; donc le petit doigt, pour la premiere ligne, se nomme *sol*, &c.

Les touches du clavier & les clefs un peu connues, on peut avancer & parler de la valeur des notes: il faut faire entendre à l'Eleve, que les sons, en Musique, ne sont pas tous d'une égale durée; qu'on marque cette inégalité de durée par des notes de différentes formes & valeurs...

Ayant exposé les formes & leurs noms, il faut lui faire comprendre que la ronde peut-être considérée comme une note entiere; que la blanche est une demi-note; que la noire est un quart de note; que la croche eſt un huitieme de note ; que la double croche eſt un ſeizieme de note, *&c.*

Parlant de la meſure, on peut faire entendre à l'Eleve que la durée d'un morceau de Muſique ſe partage en parties égales, qu'on appelle meſures, & que la durée de chaque meſure ſe ſous-diviſe en d'autres moindres parties égales, qu'on appelle temps.

Il faut lui préſenter à la fois, tous les ſignes de meſures, & lui faire remarquer qu'il y en a de deux ſortes ; que les uns ſont ſimples, & que les autres ſont tous compoſés de deux chiffres écrits l'un ſur l'autre. A l'égard des ſignes compoſés, on peut dire que le chiffre ſupérieur indique la quantité de notes qu'il faut pour chaque meſure, & que le chiffre inférieur marque leur qualité. Ce principe un peu développé, l'Eleve conclura lui-même, qu'il faut trois blanches par meſure, ſi le ſigne eſt un 3 au-deſſus d'un 2, *&c.*

Avant de quitter la meſure, dites encore

que chaque ſigne indique deux choſes qu'il importe de ne pas confondre; ſavoir, le nombre de notes qu'il faut pour chaque meſure, & le nombre de temps qu'il faut battre par meſure : ſur-tout faites en ſorte que l'Eleve ne confonde pas la meſure avec le mouvement.

Sur le point qui ſuit les notes, & qui les fait durer moitié plus que leur valeur naturelle, je ne puis rien dire qui ne ſoit généralement enſeigné : il en eſt de même des ſignes de pauſes ; mais je crois qu'on devroit un peu retarder les notions ſur les cadences & ſur les autres agrémens qui embelliſſent l'exécution : la premiere, la grande affaire eſt de ſavoir lire la Muſique correctement.

Pour exemples, on ne devroit donner que des airs ſimples ; alors on ne feroit pas obligé de reſter des mois ſur le même morceau, que l'Eleve retient à la fin par le ſecours de l'oreille, ſans le ſavoir lire.

Des leçons de lecture il faudroit bannir toutes les variations, tous ces airs arrangés

& tous les tours de force : le difficile eſt le plus grand ennemi du talent des enfans ; il décourage les uns & corrompt le goût des autres.

Tandis qu'on exerce l'Eleve dans la lecture muſicale, il faut lui faire remarquer que chaque exemple eſt diviſé en phraſes ; que les treize ſons de l'octave n'entrent pas également dans la phraſe muſicale ; que toutes les phraſes ne ſont pas dans la même octave ; que huit ſons dominent dans toutes les octaves ; que ces huit ſons forment la gamme de notre Muſique ; que la gamme répond par-tout, ou à la ſuite des notes naturelles. . . .

ut ré mi fa ſol la ſi ut

ou à la ſuite des notes naturelles, . . .

la ſi ut ré mi fa ſol la ;

que dans le premier cas, la gamme eſt du mode majeur, & que dans le ſecond cas elle eſt du mode mineur : que les ſept intervalles qui ſéparent les huit ſons de la gamme, ne ſont pas tous égaux ; que cinq ſont des eſpaces de ton, & que deux ſont des eſpaces de demi-ton ; que la place des demi-tons diſtingue le majeur du mineur ; qu'en majeur, les deux demi-tons ſont placés entre la tierce & la quarte, entre la ſeptieme & la huitieme note de la gamme, tandis que les mêmes demi-tons ſont placés en mineur entre la ſeconde & la tierce, & de la quinte à la ſixte : qu'il faut avoir recours aux notes *dièſes* & aux notes *bémoles*, pour faire regner les mêmes intervalles dans toutes les octaves ; que le *fa* eſt *dièſe* en *ſol* majeur, pour ne laiſſer qu'un demi-ton entre la ſeptieme & l'octave ; que le *ſi* eſt *bémol* en *fa* majeur, pour ne laiſſer qu'un demi-ton entre la tierce & la quarte ; que les *dièſes* ſont néceſſaires aux différentes gammes dans l'ordre ſuivant . . .

fa ut ſol ré la mi ſi ;

que les *bémols* entrent dans les gammes dans l'ordre ſuivant . . .

ſi mi la ré ſol ut fa ;

que le dernier *dièſe* eſt ſeptieme ou ſenſible des gammes majeures, & ſeconde des gammes mineures ; que le dernier *bémol* eſt quarte des gammes majeures,

& ſixte des gammes mineures, *&c.*

Il ſeroit très-utile d'exercer l'Eleve à chanter ou à jouer toutes les gammes: on peut conſulter là-deſſus mes leçons de clavecin.

Encore un petit conſeil ſur le chapitre de la lecture: il faudroit faire dire ſouvent une phraſe particuliere d'un morceau, ſouvent une meſure priſe au milieu de la phraſe, ſouvent un temps, & même quelquefois toute une ligne à rebours; par ce moyen, on fixeroit lesyeux de l'Eleve ſur les notes, quand même il ſauroit l'air par cœur.

Tout ce que je viens de dire convient également aux leçons de Muſique inſtrumentale & vocale: j'aimerois ſur-tout qu'on fît toujours ſolfier les enfans devant le clavier. Donnant conſtamment le même ſon au *la* & aux autres notes dans les leçons, on ne détonneroit plus ſi ſouvent. Habitué à la même intonation, on diſtingueroit aiſément les ſons au Concert & au Spectacle.

ACCOMPAGNEMENT.

L'ACCOMPAGNEMENT eſt le ſecond talent de la Jeuneſſe ; c'eſt une affaire de lecture : pour l'enſeigner, il n'eſt pas néceſſaire de recourir aux traités d'accords, ni à la baſſe fondamentale ; on peut avoir un ſuccès plus prompt & plus sûr, en conſultant les notions ſuivantes . . .

Si l'Eleve ſait lire la Muſique ſur le clavecin ou ſur la harpe, il faut l'exercer à trouver ſur ſon inſtrument tous les accords ſimples : pour cela, on lui dira qu'on peut faire ſur chaque note de baſſe, dix-neuf accords ſimples ; que leurs noms génériques ſont . . .

— ſeconde, tierce, quarte, quinte, ſixte, ſeptieme, octave & neuvieme. —

Que les *ré* ſont des accords de ſeconde ou de neuvieme avec la baſſe *ut* ; que les *mi* ſont les tierces de la même baſſe ; que les *fa* ſont ſes quartes ; les *ſol* ſes quintes ; les *la* ſes ſixtes ; les *ſi* ſes ſeptiemes, & les *ut* ſes octaves.

Nombrant les accords, on dira qu'il y a trois accords de ſeconde, trois de tierce, trois de quarte, trois de quinte, trois de ſixte, trois de ſeptieme, & un accord d'octave.

Parlant toujours de la baſſe *ut*, on dira que les trois accords de ſeconde ſont *rébémol*, *ré* & *rédièſe*; *rébémol* neuvieme diminuée, *ré* ſeconde ou neuvieme, *rédièſe* ſeconde ſuperflue : que les tierces ſont *mi*, *mibémol* & *mi double bémol*; *mi* tierce majeure, *mibémol* tierce mineure, *mi double bémol* tierce diminuée : que les quartes ſont *fa*, *fadièſe* & *fabémol*; *fa* quarte, *fadièſe* quarte ſuperflue, ou accord de triton; *fabémol* quarte diminuée : que les quintes ſont *ſol*, *ſolbémol* & *ſoldièſe*; *ſol* quinte, *ſolbémol* fauſſe-quinte, *ſoldièſe* quinte ſuperflue : que les ſixtes ſont *labémol*, *la* & *ladièſe*; *labémol* ſixte mineure, *la* ſixte majeure, *ladièſe* ſixte ſuperflue : que les ſeptiemes ſont *ſi*, *ſibémol* & *ſi double bémol*; *ſi* ſeptieme majeure, ſeptieme ſenſible ou ſeptieme ſuperflue; *ſibémol* ſeptieme mineure, ou ſimplement accord de ſeptieme; *ſi double bémol* ſeptieme diminuée : on dira enfin que l'accord d'octave eſt un *ut*, uniſſon aigu de la baſſe.

Pour familiariſer l'Eleve avec tous ces accords, il faut les lui faire répéter ſouvent pour chaque baſſe : il les ſaura bientôt, ſi on commence avec l'accord de tierce majeure, & avec l'accord de quinte ; ces deux accords ſont les plus importans : réunis enſemble avec l'octave, ils forment l'accord composé le plus conſonnant & le plus parfait de la Muſique.

Pour aider l'Eleve dans la recherche de l'accord parfait, il faut lui faire remarquer que la baſſe eſt toujours la note la plus grave de l'accord ; que la tierce majeure eſt de deux tons plus aiguë qu'un uniſſon de la baſſe, que la quinte en eſt éloignée de trois tons & demi ; que la tierce eſt toujours la troiſieme note vers l'aigu, en commençant par la baſſe ou par un de ſes uniſſons, & en ſuivant l'ordre naturel de la gamme; que la quinte en eſt toujours la cinquieme note. Il faut dire auſſi qu'on n'altere point l'accord, ſi on frappe enſemble tous les uniſſons ou toutes les octaves de la baſſe; & qu'on peut uſer de même des uniſſons de la tierce & de la quinte.

L'Eleve étant un peu exercé à dire & à frapper l'accord parfait de chaque baſſe, on peut continuer & lui parler des autres accords ſimples : on lui fera remarquer que les deux autres tierces conſervent le même nom de note que la tierce majeure; mais que la tierce mineure eſt d'un demi-ton plus grave que la tierce majeure, & que la tierce diminuée eſt encore d'un demi-ton plus grave que la mineure : que le même nom de note ſert aux trois quintes; que la ſuperflue eſt d'un demi-ton plus aigu, & que la fauſſe-quinte eſt d'un demi-ton plus grave que la vraie quinte.

On parlera enſuite des accords de ſixte, obligeant l'Eleve de pratiquer chaque accord à meſure qu'on le lui explique : il les trouvera aiſément, ſi on lui fait remarquer que la ſixte mineure touche la quinte, dont elle eſt éloignée ſeulement d'un demi-ton ; que la ſixte majeure eſt d'un demi-ton plus aiguë que la quinte, & que la ſixte ſuperflue eſt encore d'un demi-ton plus haut que la majeure.

C'eſt ici qu'il faut s'arrêter un moment ; l'Eleve pourroit confondre la ſixte mineure avec la quinte ſuperflue : le même ſon forme viſiblement les deux accords ; chacun eſt d'un demi-ton plus aigu que l'accord de quinte : il faut lui rappeller qu'il ne ſuffit pas, pour caractériſer l'accord de quinte, que le ſon aigu ſoit à une telle diſtance de la baſſe ; il faut de plus qu'il ſoit exprimé par la cinquieme note, en ſuivant l'ordre de la gamme : *labémol* eſt ſixte mineure de la baſſe *ut*, parce que *labémol* eſt d'un demi-ton plus aigu que ſa quinte *ſol*, & parce que *labémol* eſt la ſixieme note en commençant par *ut* : — *fa* fait une quarte avec la baſſe *utdièſe*, quoique l'intervalle ſoit celui de la tierce majeure—*&c.*

A préſent on peut continuer : l'Eleve, par le moyen du petit éclairciſſement, diſtinguera aiſément les accords que ſon inſtrument confond. L'accord de quarte eſt toujours d'un demi-ton plus aigu que la tierce majeure ; l'accord de quarte eſt entre la quarte ſuperflue & la quarte diminuée ; *ſol* fait l'accord de quarte de la baſſe *ré*, *ſoldièſe* en eſt la quarte ſuperflue, & *ſolbémol* en eſt la quarte diminuée.

On trouve aiſément les accords de ſeconde & de ſeptieme ; regardant un uniſſon de la baſſe, on voit à l'aigu immédiatement ſe ſuccéder par demi-tons la neuvieme diminuée, la ſeconde ou neuvieme & la ſeconde ſuperflue : au grave du même uniſſon ſe ſuccédent également par demi-tons la ſeptieme ſuperflue, la ſeptieme & la ſeptieme diminuée.

Tandis que l'on exerce l'Eleve à trouver tous les accords ſimples ſur ſon inſtrument, on peut lui parler auſſi de leurs ſignes : ſa mémoire ne ſera pas ſurchargée ; les Auteurs, quoique variés dans leurs marques, ſont pourtant d'accord pour les ſignes génériques ; tous chiffrent les accords de quinte par 5, les accords de tierce par 3, l'accord d'octave par 8, les ſixtes par 6, les quartes par 4, les ſeptiemes par 7 ; & les ſecondes ou neuviemes par 2 ou 9. L'Eleve comprendra facilement comment on peut déſigner trois accords par le même chiffre, ſi on lui dit que les chiffres ſuivent le ſort des notes, qu'ils peuvent auſſi être affectés du *dièſe* & du *bémol ;* il conclura de lui-même que le 5 ſur la baſſe *ut* indique l'accord de quinte ; que le 5 précédé du *bémol* indique, de la même baſſe, la fauſſe-quinte, & que le 5 précédé du *dièſe* indique ſa quinte ſuperflue ; il conclura que le chiffre ſeul eſt le ſigne de l'accord qui eſt au milieu des trois ; que le chiffre affecté du *bémol* eſt pour le plus grave, & que le chiffre affecté du *dièſe* eſt pour le plus aigu.

On peut le laisser faire ; mais quand il aura fini ses conclusions, il faut lui demander l'accord de quinte de la basse *ré* ; — il répondra aussi-tôt *la*, & pour signe un 5 sur *ré* : — continuant de l'interroger, on dira, & la fausse-quinte de *rédièse?* La quinte superflue de *rébémol?* Il sera un peu embarrassé pour le signe, trouvant toujours *la* naturel. Augmentez son embarras, dites-lui que les notes *bémoles* ont autant de pouvoir que les notes naturelles ; que *sibémol* fait accord de septieme superflue avec la basse *utbémol*, septieme avec *ut*, & septieme diminuée avec *utdièse* : ajoutez & dites, que les notes *dièses* ne le cédent en rien aux notes *bémoles* ; que *fadièse* est sixte mineure de *ladièse*, sixte majeure de *la*, & sixte superflue de *labémol*.

Pour le tirer d'embarras, concluez que ces signes d'accords ne sont pas absolus ; qu'ils sont tous relatifs à la basse ; que le chiffre affecté du *dièse*, n'indique pas plutôt un accord superflu, qu'un accord faux ; pas plus un majeur qu'un mineur ; que le chiffre affecté du *bémol* est aussi générique que le chiffre tout nu.

Si l'Eleve est content de cette conclusion, on peut avancer & lui parler des combinaisons d'accord ; mais s'il ne s'en accommode pas, il faut lui dire qu'il y en a encore d'autres marques, avec lesquelles on particularise les signes primitifs : mais gardez-vous de lui dire que ces marques particulieres varient d'un Auteur à l'autre, souvent même d'une page à la suivante. Exposez-lui succinctement votre orthographe des chiffres, & si vous n'en avez pas une, consultez là-dessus mon Traité de Musique (chap. 30, 31 & 32) : le volume des exemples vous fournira des basses chiffrées selon mon orthographe.

L'Eleve étant un peu raccommodé avec les signes, on peut lui dire un mot sur les accords composés.

— La tierce majeure ou mineure de la basse est l'accompagnement naturel de tout accord. —

— Exceptez de cette régle les accords de quarte & de feconde, qui font l'un de l'autre accompagnement réciproque. —

Exceptez encore les accords de tierces, qui ne peuvent pas être accords principaux & accompagnement en même temps : dites que les accompagnemens naturels de la tierce majeure ou mineure, font la quinte & l'octave.

— En ajoutant de fa tête un accompagnement, il faut le choifir parmi les notes de la gamme de l'accord principal. —

— S'il n'y a qu'un chiffre écrit au-deffus de la baffe, on conclut que l'accord eft fimple, ou que fes accompagnemens font naturels. —

— Si la Mufique exige des accompagnemens extraordinaires, alors l'Auteur les joint au chiffre principal & met deux, trois ou quatre chiffres les uns au-deffous des autres : dans ce cas, on frappe tous les accords marqués, fans y rien ajouter, pas même l'uniffon de la baffe. —

Il ne faut pas dire davantage ſur ce chapitre à votre Eleve : mais multipliez & variez les exemples ; chiffrez les baſſes de maniere à le familiariſer avec tous les accords & avec tous les ſignes.

Sachant lire la baſſe chiffrée, on n'a qu'un pas à faire pour accompagner la baſſe voyant la partition, ou voyant ſeulement le chant. Ce pas paroît difficile au premier abord : il faut faire trois choſes à la fois ; lire la baſſe & la prononcer ſur l'inſtrument ; voir toutes les notes du chant & des autres parties ; les analyſer & les diſſéquer, pour donner à la main droite les accords qui peuvent former l'accompagnement harmonique : mais l'Eleve arrivé juſqu'ici par degrés, joue facilement la baſſe, ſes yeux prononcent auſſi ſans peine toutes les notes du chant, & avec un peu d'exercice, il en uſera de même de toute la partition ; l'opération que doit faire l'entendement, pour démêler l'accord, eſt la ſeule difficulté. Le Maître peut la faire diſparoître, diſant à l'Eleve qu'il ne faut pas chercher un accord pour chaque note de basse ; que toutes ne sont pas également importantes ; que les unes servent de liaison d'ombres & d'agrément aux autres ; qu'il ne faut souvent qu'un accord par mesure, le plus est un accord par temps ; rarement il faut deux accords pour le même temps ; & chez les bons Auteurs on ne voit jamais trois accords dans un seul temps.

L'Eleve ne manquera pas de demander comment on peut distinguer les notes de la basse, & reconnoître celles qui doivent porter accord. Le Maître le satisfera aisément là-dessus, & si on veut raisonner, comme je le fais dans mon Traité de Musique, (chap. 47.) l'Eleve distinguera aussi très-promptement les principales notes du chant & des autres parties : alors il formera aisément les accords de l'accompagnement, quand même il ne verroit que la basse & le chant ; le chant lui donne le principal accord, & il sçait déjà les accompagnemens de chaque accord :

voyant, *par exemple*, dans un air en *ré*, la baſſe *ſol* pour le chant *ut dièſe*, il dira *ut dièſe* eſt le *triton* de *ſol*, & les accompagnemens du *triton* ſont ſeconde ſixte, ou par extraordinaire tierce ſixte : donc....

ſol la utdièſe mi,

ou *ſol ſi bémol utdièſe mi.*

D'abord il ſera un peu embarraſſé ſur le choix ; mais ſe rappellant les obſervations du Maître, & les exemples de la baſſe chiffrée, il compoſera ſon accord de deux, de trois, ou de quatre notes, comme le paſſage l'exigera, &c.

EXÉCUTION.

Le Virtuoſe ne borne pas ſon chant & ſon jeu à la ſimple lecture : animé par le génie & dirigé par le goût, il imprime aux ſons une force & un charme qui entraînent l'Auditeur, & lui rempliſſent l'ame de ſenſations délicieuſes : l'Eleve exercé ſur la lecture muſicale, peut profiter des leçons d'exécution ; il peut eſpérer d'exceller auſſi un jour, s'il a le temps, la volonté & la conſtance de pratiquer beaucoup, s'il n'a point de vice dans les organes, & s'il eſt dirigé par des hommes tels que ſont Meſſieurs *le Gros* & *Richer*, pour le chant ; *Eckard* & *Honaver*, pour le clavecin ; *Emich* & *Petrini*, pour la harpe ; *Jarnovick* & *Caperon*, pour le violon ; *Rault* & *Windling*, pour la flûte ; *Beſozzi* & *le Brun*, pour le hautbois ; *Duport* & *Janſon*, pour le violoncel ; *Rodolphe* & *Punto*, pour le cor-de-chaſſe ; *Baër* pour la clarinette ; & *Ritter* pour le baſſon, &c.

Dans les leçons d'exécution, on peut abandonner le clavier & parler au Disciple de l'inégalité des intervalles : il faut lui dire que le sémi-ton n'est pas un espace fixe, que le ton n'est pas un intervalle plus stable : dites que la voix, les instrumens à vent & le violon suivent souvent l'impulsion de l'ame, & alterent tous les sons de l'octave : mais gardez-vous de vouloir lui enseigner tout cela par calcul, ou par division de cordes : le génie ne va pas par démonstration ; il inspire l'Artiste, & l'Artiste devient Virtuose.

Composition Musicale.

L'Art d'écrire en partition eſt un des principaux objets des leçons de compoſition ; on apprend cet Art trop facilement..... Que n'eſt-il couvert d'un voile myſtérieux, impénétrable au vulgaire des Muſiciens ! Les Enfans du génie ſeuls ſont dignes de ſçavoir écrire cette langue merveilleuſe qui exerce ſon empire ſur tous les hommes : c'eſt au milieu d'un ſanctuaire impoſant qu'il faudroit les inſtruire ; là, on pourroit convaincre le Diſciple que la langue muſicale eſt une langue ſacrée, qu'il faut être inſpiré pour oſer l'écrire. C'eſt au Temple de *Delphes*, qu'on initioit les Enfans conſacrés à *Apollon* dans les myſteres d'*Orphée* : là, on ne profanoit pas la langue ſacrée par nos petits mots *Canon*, *Fugues*, *Rempliſſage*, *Cadence interrompue*, *Motifs*, *Thême*, *Traits de Chant*, *arranger les Notes en ſextuor*, &c. on s'en ſervoit pour exprimer le beau en moral, & pour peindre le le beau en phyſique. Le Prêtre du Temple diſoit à ſes Diſciples : Conſultez le ſentiment & prononcez les accens précipités & coupés de la paſſion : chantez les aimables affections : employez les ſons les plus hardis, ſi vous voulez imiter les phénomenes de la nature : regardez les graces, ſi vous voulez deſſiner les pas du mouvement. Accompagnant votre chant, penſez que la tempête a ſes acceſſoires propres ; que la phyſionomie & les geſtes de la paſſion ſont plus variés & plus animés que ceux d'une légere affection, &c.

La ſcience des tons, des harmonies & des accords, avec l'art d'en former le diſcours harmonique, eſt auſſi une partie importante des leçons de compoſition : j'enſeigne cette ſcience dans mon Traité de Muſique ; je développe la nature & l'enchaînement des tons, des harmonies & des accords ; j'en forme le diſcours harmonique ; on y voit la chaîne conſtructive des conſonnances & des diſſonances, &c. avec ce Livre on peut apprendre à parler, à lire & à écrire la langue harmonique. Dans mes leçons particulieres, je ne suis pas tout-à-fait la marche du Livre; j'en recommande la lecture & l'étude, & j'ajoute tout ce que m'inspire l'art du Maître; l'expérience, plus encore les dispositions & le desir du Disciple me dirigent : en général, je commence par exposer très-succinctement la nature du mode majeur & mineur; ils sont amplement détaillés dans les deux premieres leçons de mon Traité, & je vais droit à l'enchaînement des tons. Chaque leçon est précédée de quelques questions sur les *dièses* & sur les *bémols* de chaque ton; c'est devant le clavecin ou la harpe en main que je donne ces leçons; mon Traité ouvert à la page 39, nous guide. Je dis au Disciple de prononcer le ton chaque fois sur son instrument, par l'harmonie des sons de la nature, les trois notes successivement à la basse : après quelques réponses, je suppose qu'il est familiarisé avec les gammes & avec les consonnances principales de tous les tons, & j'avance : je lui dis qu'on peut, dans la chaîne des tons, conduire l'oreille doucement, & on peut l'étonner : j'ajoute qu'il faut, pour la conduire doucement, prendre la tonique nouvelle dans la gamme du ton qu'on quitte ; qu'il faut, de plus, lui subordonner le mode, c'est-à-dire, qu'il faut choisir le mode dont le nombre de *bémols* ou de *dièses* approche le plus du nombre qui regne dans le ton qu'on quitte. Pour exemple, je prends un ton majeur, je compare avec lui les deux modes de chaque note de la gamme ; la même opération faite sur un ton mineur, j'infere les regles suivantes.....

1°. En quittant un ton majeur, on peut prendre chaque note de la gamme pour tonique nouvelle, avec la restriction que le mode de la quarte & de la quinte soit semblable au principal, & que le mode des autres notes de la gamme soit mineur.

2°. En quittant un ton mineur, on peut également prendre chaque note de la gamme pour tonique nouvelle ; le mode de la quinte peut être indifféremment majeur & mineur, mais celui de la quarte & de la seconde doit être semblable, & celui des autres notes de la gamme doit être majeur.

3°. Le contraire des deux regles énoncées est la premiere source des marches extraordinaires avec lesquelles on étonne quelquefois l'oreille dans les changemens de modes ; le génie, pour étonner, saute aussi par fois sur des toniques qui n'étoient pas notes de la gamme derniere.

Je divise ces regles & je fais voir au Disciple que toutes les marches de la chaîne des tons se réduisent à cinq points : savoir, 1°. ligne droite de quarte : 2°. ligne droite de quinte : 3°. détour à l'aigu sur la seconde, sur la tierce ; & détour au grave sur la sixte, sur la septieme note de la gamme : 4°. changement de mode & après un ton mineur le majeur de sa quinte : 5°. sauts.

Parmi les marches extraordinaires avec lesquelles le génie saute & étonne, je lui fais remarquer les six principales, qui sont, 1°. après un ton majeur le saut majeur de la sixte : 2°. après un ton mineur le saut majeur d'un demi-ton plus haut : 3°. après la dominante d'un ton mineur le saut mineur d'un ton plus bas : 4°. après la dominante d'un ton mineur le saut mineur d'un ton plus bas que la tonique ; 5°. après la dominante d'un ton mineur le saut majeur d'un demi-ton plus haut ; 6°. après la dominante d'un ton mineur le saut majeur de deux tons plus bas.

Ces principes posés, je promene mon Disciple dans le labyrinthe des vingt-quatre tons, lui disant de prononcer chaque fois le ton sur son instrument avec la consonnance des sons de la nature, une des trois notes à la basse ; je lui dicte, d'abord sans dessein, sans choix, comme au chapitre 15, aux pages 51 & 200 de mon Traité ; ensuite je recommence & je choisis un certain nombre de tons, dont les consonnances principales puissent former le squelette de l'ariette ou du récitatif; je lui fais observer que chaque morceau de Musique doit être un discours ou un tableau, qu'il doit être proportionné avec l'attention humaine, & par conséquent ne pas renfermer une trop grande variété : dans les numéros 18 & 19 des exemples du Traité, il y a quelques morceaux de consonnances qui peuvent avoir lieu ici; mais je les dicte, ne me servant pas encore du nom d'accord; j'en ajoute d'autres exemples, imitant tout-à-fait l'air & le récitatif.

Le Disciple étant un peu exercé sur ce chapitre, je l'arrête dans un ton pour lui faire pratiquer quelques phrases harmoniques; je lui dis qu'il faut au moins deux harmonies pour la phrase; de plus, il doit y avoir entre elles une opposition de qualité, de sons appels & de sons de la nature, de sons repos; que l'une, comme fatique, doit desirer l'autre comme repos. Je prouve que les principales & les plus fréquentes phrafes harmoniques font les fuivantes....

1°. Confonnance de quarte fuivie de la confonnance des fons de la nature.

2°. Diffonance de feconde fuivie de la confonnance des fons de la nature.

3°. Confonnance de quinte fuivie de la confonnance des fons de la nature.

4°. Diffonance de la quinte fuivie de la confonnance des fons de la nature.

5°. Diffonance de tous les appels ou diffonance de la fenfible fuivie de la confonnance des fons de la nature.

Je lui fais voir enfuite comment on peut faire un morceau avec la feule phrafe de la diffonance de dominante fuivie de la confonnance des fons de la nature; je lui dis qu'il faut répéter cette phrafe, & varier les baffes ; que l'oreille ne met qu'une virgule, fi la baffe va par ton ou par demi-ton, d'un fon appel à un des deux derniers fons de la nature ; qu'elle mette une virgule un peu plus forte, fi la baffe marche ainfi à la tonique ; qu'elle mette une virgule encore plus forte, si la basse descend d'une quarte, pour aller d'un son appel à un son naturel, ou si elle monte ainsi d'une quinte; pour avoir deux points, on prononce la consonnance de quinte, sur laquelle l'oreille se repose après avoir entendu la consonnance des sons de la nature sur la tonique, qui terminoit une phrase précédente; pour avoir un repos suspensif, on prononce, après la dissonance de dominante sur la quinte, la consonnance de sixte sur la sixte, l'oreille place alors une virgule & point; elle met un point final, si la premiere note de la dissonance de dominante descend d'une quinte à la tonique, ou si elle monte ainsi d'une quarte à l'octave.

Ici je recommence la promenade, mais je ne borne plus mon Disciple à la seule prononciation des tons; je lui dis de les annoncer par la dissonance de leur dominante, dans la marche par quarte & par quinte; je lui fais faire la même chose, quand je le fais détourner à l'aigu sur la feconde ou fur la tierce, & quand je le fais détourner au grave fur la fixte ou fur la feptieme note : je lui dis qu'il peut auffi élégamment annoncer ces détours par la diffonance de tous les appels, c'eft-à-dire, par la diffonance de la fenfible, s'il quitte un ton majeur. S'il veut auffi annoncer les tons dans la marche du changement de mode & des fauts, je l'arrête & je lui dis que les annonces, en Mufique, font des fleurs qu'on jette fur le paffage pour orner & pour adoucir la marche ; que les fauts du génie font beaux & brillans par leur nature ; que rien ne peut les embellir ; que les confonnances prononcées dans la marche du changement de mode, ne varient que d'un demi-ton dans la tierce ; qu'on ne peut pas faire une moindre altération.

Exerçant mon Difciple dans la marche des tons annoncés, je lui dis que la chaîne des confonnances ainfi mêlées des diffonnances, de dominante & de fenfible, eft le fondement & la charpente des plus beaux morceaux de musique ; je lui donne quelques exemples qui imitent plus particuliérement le fond de l'ariette & du récitatif.

Nous nous arrêtons de nouveau dans un ton, pour y pratiquer des phrases harmoniques, qui terminent au repos de quinte, des phrases harmoniques suspensives, & pour examiner les phrases harmoniques composées, progressives & finales.

Je dis ensuite au Disciple, qu'il n'y a pas tant de richesse dans un seul morceau de Musique ; mais que chaque phrase trouve sa place dans les différens morceaux qui composent un Poëme musical ; je lui dis que les phrases les plus employées & les plus répétées sont les phrases simples, dans lesquelles entrent la consonnance de quarte, la dissonance de seconde, (c'est-à-dire, les foibles appels), la consonnance & la dissonance de quinte, (c'est-à-dire, les forts appels) ; que ce sont là les phrases qui, avec la double phrase des diſſonances de ſeconde & de quinte, compoſent la regle de l'octave; avec elles on peut accompagner toute la gamme.

Ici je m'arrête & j'explique à mon Diſciple la période harmonique; je lui donne des exemples d'air & de récitatif, fondés ſur les ſeules phraſes de la regle de l'octave; je lui donne des exemples plus riches & plus compliqués; je l'arrête quelquefois dans ſa promenade vague, & je le fais phraſer au haſard, j'altere même les phraſes qu'il fait & je lui dicte des combinaiſons nouvelles.

Peu à peu mon Diſciple marche tout ſeul; il fait lui-même des morceaux, imitant comme moi l'ariette & le récitatif. Je lui dis: vous ſavez à préſent parler la langue harmonique; vous prononcez ſur votre inſtrument la chaîne des conſonnances & des diſſonances; vous ſavez même animer cette chaîne par la meſure du mouvement de pendule, & même par quelques batteries du numéro 14 des exemples de mon Traité; liſez la troiſieme partie du même Ouvrage, ſi vous voulez ſavoir écrire vos morceaux harmoniques ou ſi vous voulez ſavoir lire les miens du numéro 23, ou ceux qu'on pourra vous donner notés.

Si mon Diſciple a cette fantaiſie, je facilite ſon étude ; je le familiariſe avec le nom & avec le ſigne des accords ; je le fais jouer des chaînes d'harmonies notées & chiffrées ; je l'exhorte à écrire les marches & les morceaux harmoniques qu'il a retenus ; je lui demande une copie des ſiens propres & je l'encourage à m'en faire de nouveaux : je lui donne des notions pour pouvoir les écrire de trois manieres : 1°. abſtraction faite de la meſure & du mouvement ; 2°. animés par la meſure & par le mouvement ; 3°. embellis par les blanches, par les noires & par les croches : le dernier numéro de mon Traité nous ſert de modele.

La troiſieme partie des leçons de compoſition eſt l'analyſe du chant pour déterminer les principales notes de la baſſe & de tous les accompagnemens : c'eſt ce talent qui fait l'objet des vœux de la plupart des Amateurs. Dans mon Traité (chap. 47) je donne les premiers principes de ce talent agréable ; je le développe davantage dans mes leçons particulieres ; je l'enſeigne même aujourd'hui ſans le ſecours de la ſcience difficile des accords ; je l'applique au clavecin ou à la harpe, & je commence tout de ſuite par l'examen d'un chant ; de l'air le plus ſimple je vais par gradation à l'ariette la plus compliquée : je donne les notions harmoniques à meſure que le chant l'exige. L'Amateur le moins habile peut profiter de ces leçons, pourvû qu'il ſache un peu lire la Muſique, & qu'il connoiſſe un peu l'inſtrument.

Je débute par dire au Diſciple que le chant eſt diviſé en phraſes comme le diſcours ; je lui montre les virgules & les points : enſuite je lui apprends à diſtinguer dans la phraſe les notes eſſentielles, car les unes ſervent aux autres d'ombres & de liaiſons ; je lui fais connoître les harmonies qui renferment, avec les notes eſſentielles du chant, les principales notes de tous les accompagnemens : je finis par aſſigner à la baſſe une des notes de l'harmonie.

Il y a rarement plus de changement que de temps ; ſouvent auſſi la même harmonie dure toute la meſure, & quelquefois elle enjambe ſur la meſure ſuivante : je fais d'abord harpégier uniformément l'harmonie avec la baſſe, enſuite je fais recommencer pour plaquer enſemble l'harmonie & la baſſe, en obſervant la meſure du chant ; par ce moyen mon Diſciple prend l'habitude de préluder l'air avec la chaîne d'harmonie qui en eſt le fond, tandis que ſes yeux & ſa tête analyſent le chant : c'eſt ſans doute le meilleur prélude qu'on pourra mettre à la tête d'un morceau.

Je ne fais pas noter la baſſe ni l'harmonie, je laiſſe toujours une portée vuide au - deſſous du chant ; l'expérience m'a prouvé que j'accélere, par ce moyen, les progrès : ſi le Diſciple voyoit l'ouvrage de ſes deux mains noté, il ſe contenteroit de lire & ne raiſonneroit plus. Je captive toujours ſon attention, j'occupe ſon eſprit par gradation; avant que je lui faſſe examiner un nouvel air, je lui fais répéter quelques anciens; arrivé au nouveau, il eſt familiariſé avec l'analyſe & trouve ordinairement les trois quarts tout ſeul : bientôt mon Diſciple ſait préluder & accompagner le chant à vue; alors je lui montre auſſi comment il peut embellir la baſſe & l'harmonie : ajoutant à propos des noires & des croches, nous changeons notre baſſe générale en baſſe continue, & notre harmonie approche du merveilleux de la mélodie : nous prenons pour modele les variations des conſonnances du numéro 14 des exemples de mon Traité.

L'Amateur doit ici borner ſon travail : s'il eſt tenté de mettre ſes accompagnemens en partition, je lui dis qu'il faut avoir pour cela les dons extraordinaires du génie & qu'il faut auparavant savoir analyser, décomposer & admirer les partitions des autres : c'est l'objet de la quatrieme partie des leçons de composition.

On peut profiter de ces leçons, si on est exercé dans la lecture de toutes les clefs : je donne une idée de ce talent dans mon Traité de Musique (chap. 46); mais je ne peux pas parler de la méthode qui puisse en faciliter l'étude, car je n'ai pas encore trouvé l'occasion pour essayer là-dessus mon travail & mes réflexions : je sais pourtant qu'on peut aisément extraire d'une partition, la chaîne des harmonies & la basse générale ; je crois même pouvoir assurer que le Disciple préludera & accompagnera bientôt les partitions les plus compliquées, si on veut suivre la méthode que je viens d'exposer pour les leçons précédentes. On ne sait pas si vîte admirer la partition avec connoissance de cause ; il est souvent difficile de connoît[illegible]

décla[illegible]on

déclamation dans la principale partie, & plus difficile encore à diſtinguer les acceſſoires de la paſſion dans les parties accompagnantes : les contre-ſens ſont plus fréquens, on les trouve aiſément : là, on croit voir un Ecolier, les mains croiſées ſur le dos, qui, aſſis ſur les genoux de ſon camarade eſpiegle, prononce froidement un diſcours paſſionné, tandis que l'eſpiegle avance ſes bras & fait les geſtes à ſa maniere : ici, on croit voir l'eſpiegle qui débite gaiement des folies, tandis que le camarade ſérieux, un mouchoir à la main, fait les geſtes : là, on voit tymbales, trompettes & tous les inſtrumens concourir & faire grand bruit pour exciter les mouvemens des graces : ici, un trait de flûte annonce Jupiter la foudre à la main, *&c. &c.*

C'eſt contre ces bévues qu'il faut prévenir le Diſciple, quand on lui enſeigne l'analyſe de la partition : les mots *beau chant*, *jolis accompagnemens*, ne doivent être prononcés que dans l'examen de la

Muſique ſymphonique, encore ne faut-il pas les prodiguer à ces paſſages fourmillant de notes : une nuée de doubles croches peut bien étonner ; mais ſon unique mérite eſt celui de faire remarquer l'inutile dextérité du Muſicien.

Voilà ma méthode & mes obſervations ſur les leçons de Muſique ; ſi elles n'augmentent pas ma réputation, du moins peuvent-elles juſtifier les Amateurs & les Muſiciens qui ont oſé me nommer hautement leur Maître.

FIN.

www.ingramcontent.com/pod-product-compliance
Ingram Content Group UK Ltd.
Pitfield, Milton Keynes, MK11 3LW, UK
UKHW022129260726
13993UKWH00003B/1336